常玉
静物画

郭泗 编

湖南美术出版社
全国百佳图书出版单位

·长沙·

图书在版编目（CIP）数据

常玉静物画 / 郭煦编. -- 长沙 ：湖南美术出版社,2022.8
ISBN 978-7-5356-9837-7

Ⅰ．①常… Ⅱ．①郭… Ⅲ．①油画－静物画－作品集
－中国－现代②油画－花卉画－作品集－中国－现代
Ⅳ．①J223

中国版本图书馆CIP数据核字（2022）第121226号

常玉静物画　CHANG YU JINGWUHUA

出 版 人：黄　啸
编　　者：郭　煦
责任编辑：郭　煦
设　　计：郭　煦
责任校对：谭　卉
出版发行：湖南美术出版社
　　　　　（长沙市东二环一段622号）
经　　销：湖南省新华书店
制版印刷：长沙新湘诚印刷有限公司
开　　本：787mm×1092mm　1/16
印　　张：5
版　　次：2022年8月第1版
印　　次：2022年8月第1次印刷
书　　号：ISBN 978-7-5356-9837-7
定　　价：48.00元

销售咨询：0731-84787105
邮　　编：410016
电子邮箱：market@arts-press.com
如有倒装、破损、少页等印装质量问题，请与印刷厂联系调换。
联系电话：0731-84363767

常玉　纸上彩墨　39.5cm×27.5cm　2022年（郭煦 作）

常玉年表（1901—1966）

1901

10月14日，生于四川顺庆（1950年更名为南允），排行第六，父亲常书舫为其取名廷果，字玉，号有书。

长兄常俊民（1864—1931）专营丝绸贸易，日后成为四川最大丝绸厂的经营者。

1913

追随以画狮子和马闻名于顺庆的父亲学习传统绘画。稍后，接受父亲安排，受业于四川知名的文人书法家赵熙（1867—1948）习字。

1917—1918

旅居日本两年，并探访二哥常必诚（1883—1943）。其间，曾有书法作品刊载于日本的艺术刊物。

1919

五四运动发生之前，已返回上海。

为二哥在上海成立的二心牙刷公司设计广告装饰图案。

1921

响应蔡元培（1868—1940）等人所成立的留法俭学会的号召，前往法国巴黎。与徐悲鸿（1895—1953）等多位文艺留学生结识，一同成立"天狗会"，嘲讽1919年在上海成立的以刘海粟（1896—1994）为首的"天马会"绘画组织。

8月，前往德国柏林，与徐悲鸿夫妇等人会合，居住两年。

1923

从柏林返回巴黎，租住在拉丁区（第五区）圣米歇大道附近一条小街里的老旅馆三楼斗室（森麻乐街9号）。

1925

经常与邵洵美（1906—1968）、郭有守（1901—1977）及法国友人聚会，并同往枫丹白露登山郊游。

在"大茅屋画院"结识玛素·夏绿蒂·哈祖尼耶（1904—？）小姐。

作品展出于法国秋季沙龙。

12月21日，徐志摩（1897—1931）以常玉为对象，写成散文《巴黎的鳞爪》。

1926

年底，画家庞薰琹（1906—1985，1925年秋抵达巴黎）拜访常玉工作室，两人结为好友。

1927

经常与庞薰琹共赴"大茅屋画院"画速写。

1928

可能返回过中国一趟。另外，画家陈抱一（1893—1945）曾回忆指出，常玉1926—1927年回过上海一次。

4月10日，与玛素·夏绿蒂·哈祖尼耶小姐于巴黎第五区市会堂成婚，并迁居至巴黎南郊马拉科夫镇鲁索街1号的公寓。

作品展出于法国秋季沙龙。

1929

随着大哥丝厂业务衰退，来自中国家中的接济紧缩，常玉陷入财务困境。

1930

结识法国知名画商兼收藏家亨利·皮埃尔·侯谢（1879—1959），并确立一段经纪关系；侯谢经手过的常玉作品，除了一幅纸本素描之外，其余的109件都是油画。

为留法友人梁宗岱（1903—1983）翻译的法文版《陶潜诗集》绘制三张中国山水铜版画插图。书中有法国著名诗人瓦雷里（1871—1945）写的序，巴黎乐马杰出版社印行（限量306册）。

作品展出于杜乐丽沙龙。

1931

结识荷兰青年作曲家约翰·法兰寇（1908—1988），频繁通信往来。

被马索·施密特编入《法国艺术家名人录》。

5月，大哥常俊民病逝。在此之前，家道已经中落。

7月24日，与玛素·夏绿蒂·哈祖尼耶离婚。

9月，前往荷兰阿姆斯特丹拜会法兰寇夫妇，并一同前往海牙。

10月24日至11月3日，在巴黎波纳巴特出版社举办展览。

11月中旬以后（确切日期不详），作品在巴黎梵欧易安画廊展出。

作品分别展出于巴黎独立沙龙与杜乐丽沙龙。

1932

10月1日至31日，在荷兰哈林的德柏画廊举办展览。

10月，庞薰琹与倪贻德（1901—1970）等人在上海成立"决澜社"艺术团体，邀请常玉加入。

11月，侯谢结束与常玉的经纪关系。

收到家书，才知道长兄已于去年病逝。

1933

元月底，徐悲鸿为筹办"中国美术展览会"（展期5月10日至6月25日）前往巴黎，借用常玉的住处宴客，常玉亦以一幅花卉画受邀参展。

5月13日至31日，在荷兰阿姆斯特丹的梵里尔画廊举办展览。

雷内·爱德华-约瑟夫编撰的《当代艺术家生平辞典1910—1930年》第三册出版，常玉名列其中。

1934

4月14日至5月3日，作品在荷兰阿姆斯特丹的梵里尔画廊二度展出。

9月起，开始在中国餐馆工作。

1936

作品展出于杜乐丽沙龙。

居住在第十四区的卢额道7号。

发明乒乓网球运动。专程前往柏林奥运会，结识德国网球冠军葛菲·旺克伦，试图推广"乒乓网球"，以获经济上的成功。

1938

可能为了领取家中分配的遗产，回中国短暂停留，也是最后一次返国。

作品展出于独立沙龙。

居住在第十四区的维星古托斯路50号。

1941

常玉尝试以石膏作为材质创作雕塑。

1942

雕塑作品展出于独立沙龙，居住在德蒙菲勒街17号。

1943

雕塑作品展出于独立沙龙。

迁居至巴黎蒙帕纳斯区南端（第十四区）的沙坑街28号，这也是他在巴黎的最后一次搬迁。

二战中法国沦为德国军事占领区期间（1940年6月至1944年8月），常玉除了创作雕塑，也以寄售自己所作的陶艺品维生。

1944

雕塑作品展出于独立沙龙。

1945

1月19日，于《巴黎解放日报》（创办于1944年，1986年更名为《巴黎日报》）发表文章《一个中国画家对毕加索的见解》。

1946

改回以绘画作品参加独立沙龙展出。

12月，在巴黎妇女俱乐部举办展览。

12月25日，《巴黎解放日报》刊载法国作者皮耶·若富义（1929—2008）撰写的《本质主义的发明者：常玉》一文，对常玉予以深刻的讨论与极高的赞誉。

1947

作品展出于杜乐丽沙龙。

1948

作品展出于独立沙龙。

9月28日，常玉致函中国艺术史学者苏立文（1916—2013），说他已经到纽约三个月，所欲推广的"乒乓网球"毫无业务上的进展，而随行携带的29幅画也没有卖出一幅。

9月底稍后，他住进瑞士裔的青年摄影家罗伯特·弗兰克（1924—2019，1947年移民美国）在纽约的仓库工作室，与弗兰克成为室友。

1950

在弗兰克的协助下，常玉于曼哈顿的帕萨多画廊举行个展，却未能卖出任何作品。之后从纽约返回巴黎。

与赵无极（1921—2013）和谢景兰（1921—1995）夫妇熟识。

954

作品展出于独立沙龙。

955

作品《猫与雀》在独立沙龙展出。

在巴黎认识绘画名家张大千（1899—1983）。

1956

作品展出于独立沙龙。

秋末，结识从纽约前往巴黎巡回演出的女钢琴家张易安。

1958

继续推广"乒乓网球"，仍遭挫败。

据张易安透露，常玉生前最后八年甚为潦倒，甚至做过油漆工和水泥工。

1959

经由弗兰克介绍，常玉结识法国艺术家贾克·莫诺利（1924—？）夫妇，并与他们成为往来频繁的友人。

据张易安回忆，常玉晚年不见容于当地华侨，多与较为开放，且比他年轻的欧洲友人往来。

1961

常玉为张大千在巴黎赛努奇博物馆的展览设计目录。

1962

巴黎巴格迪俱乐部的负责人兼经理妮科·派伦有意开班，让常玉教授"乒乓网球"，却因报名人数太少而作罢。

冬天，因修理工作室设备，常玉攀高不慎跌倒，导致昏迷就医。

1963

认识从台湾前往巴黎游历的画家席德进（1923—1981）。席德进指出，此时的常玉甚为潦倒，"每天靠三个法郎过活下去"。

2月24日，巴黎观摩性质的"春秋画会"的成员聚集于常玉工作室，有熊秉明（1922—2002）、朱德群（1920—2014）、郭有守及年轻的留法艺术家。

10月初，时任台湾教育事务主管部门负责人的同乡黄季陆（1899—1985）来法，参观常玉工作室，邀请常玉前往台湾师范大学任教并举办画展。

1964

春末，常玉整理并交寄44幅油画，稍后由傅维新辗转取得，由比利时交运的另外5幅，均到达台湾，原定在台湾历史博物馆展出。遗憾的是，常玉最后因故未能顺利抵台，49幅作品意外地在常玉身后成为台湾历史博物馆的永久收藏。

1965

12月17日，在勒维夫妇家中举办生平最后一次个展，参与开幕的中国画家包括赵无极、谢景兰、朱德群、潘玉良（1902—1977）、席德进等人。

1966

8月12日，因疏忽炉火，导致煤气中毒，不幸逝世于巴黎寓所，享年六十五岁。

万物静观皆自得——常玉静物花卉绘画

陈 琳

人物、动物和静物花卉，是常玉最主要的三类创作题材，但显然前两者得到的关注和讨论要远多于后者。诚然，常玉笔下那些丰腴夸张的女人体和身处广袤风景中的动物，似乎和艺术家本人的关联更加紧密，作为一个游荡在异国他乡的浪子、漂泊者，常玉脍炙人口的风流轶事、金句名言，为这两类作品增加了无形的光环。相对而言，静物花卉却因为题材本身的简单平淡，缺乏话题性，未能获得应有的重视。

实际上，对常玉各题材作品进行量化统计便会发现，常玉存世油画近300幅，其中人物题材绘画60余幅，动物题材绘画70幅左右，静物花卉题材绘画约140幅，数量相当于人物、动物绘画的总和，画家对该题材的重视程度可见一斑。更重要的是，常玉艺术起步阶段的最初面貌，对技法、材料的实验过程，以及他对中国传统艺术的汲取，甚至他对万物生灵的态度，他隐秘的乡愁……这些解读常玉艺术、人生的关键密码，也许就蕴藏在这些看似简单的花花草草当中。

常玉与花卉题材早有渊源，目前已知他最早的纪年作品是1921年绘制的《彩墨牡丹》。这幅绘于素描纸上的花卉作品，其题材画法皆出自中国传统。没骨技法绘制的折枝花卉，用笔颇见功力，尤为难得的是将牡丹这样常见的传统题材处理得清新不俗，常玉的审美趣味初见端倪。著名艺术家、工艺美术大师庞薰琹于1925—1929年留法学习美术，其间与常玉多有交流，从学校的选择到艺术观念受常玉影响颇深。庞薰琹是为数不多记录常玉系统学习西画之前艺术面貌的人，他于回忆录中提及："常玉原来画中国传统花鸟画也画得很好，好像记得他告诉过我，他父亲也是一个画家，他还藏有他父亲的画。看了常玉过去画的花鸟画与他后来所画的人物线描，不能想象这是出之于同一个画家的手笔。"尽管《彩墨牡丹》这类"前巴黎时期"作品，与后来常玉的典型绘画风格大相径庭，但从中可以了解常玉少年时代所接触到的艺术样式，对理解常玉后来的创作也颇有助益。

1920年末至1960年代中期，静物花卉题材贯穿常玉四十多年的创作生涯，在用色、用笔及视觉风格上，同样经历了几个阶段的变化，其分期及发展趋势与人物、动物等另两大常玉主要的创作题材基本一致。

在1920年代及1930年代的早期阶段，常玉的静物花卉亦处于"粉色时期"。无论花卉品种和盛器形状怎样变化，颜色基本控制在三种之内。各种奶油色调及粉色调的搭配柔和悦目，再加上不同比例的黑色，恰到好处地平衡粉色带来的甜腻感，令画面简洁高级，极具现代感。早期阶段无论描绘对象还是材料技法都较为多样，显然艺术家在广泛尝试，寻找自己的语言。除了花卉，各色水果也经常出现在常玉早期绘画中，是他用来进行材料技法尝试的实验

场。常玉也许是受到欧洲玻璃绘画或19世纪中国出口至欧洲的外销玻璃画启发，尝试在镜子上用油彩绘画，首选题材便是水果静物。常玉在玻璃镜面上综合使用画笔平涂、尖锐工具刻划等技法，通常以寥寥数笔绘就，极具文人墨戏的清雅趣味。几只粉嫩的桃子，或三两嫩黄的梨子在盘中静卧，镜面反射的光线令原本简单的画面呈现出丰富独特的视觉效果。这些尝试受到了合作者亨利·皮埃尔·侯谢的赞赏和支持，侯谢在日记中多次提到自己购买收藏常玉的镜面油画。

与人物、动物题材绘画发展趋势近似，1940年代之后常玉的花卉绘画色彩逐渐不限于单纯的黑白粉，深红、翠绿、明黄、宝蓝、紫罗兰等浓重艳丽的色彩在画布上争奇斗艳。在画面布局上，先前作为配角的枝和叶戏分逐渐加重，开始与作为主角的花朵平分秋色。早期作品中，花枝、花茎主要为衬托花朵，线条较为自然随性。1940年代起，常玉绘画中线条的重要性愈发凸显，在人物、动物画中呈现为逐渐粗重明晰的轮廓线，在花卉画中植物的茎和枝干则是线条最好的载体。荷花修长的茎弧度优雅，充满张力，菊花、牡丹等木本花卉的枝方折苍劲，形态如同鹿角，极具装饰美感。甚至一些画作直接舍弃繁花茂叶，专以枯梅为描绘对象，鹿角状的梅花枝干森然骨立，唯有零星叶芽和花苞点缀枝头。遒劲如秦汉碑刻的线条，与枯寂中蕴涵生命力的梅枝相得益彰。

常玉创作的百余幅花卉作品呈现的花卉种类繁多，不仅有装点现代居室常见的玫瑰、百合、海芋、剑兰，也有中国传统文化青睐的菊花、牡丹、荷花和梅花，甚至一些被人忽略的野花野草都被常玉收入笔端。而盛放这些花花草草的容器也千姿百态，陶瓷的、玻璃的，深色的、浅色的、无色透明的，中式的白瓷观音瓶、白底黑色纹饰的磁州窑梅瓶、青花瓷花盆，西式的玻璃樽、长颈琉璃瓶、竹编花篮……常玉并不擅长细腻写实的造型技巧，但奇妙的是，他笔下那些形状、颜色、质地各不相同的花卉和盛器，无一不生动形象。那并非单纯视觉上的形似逼真，而是用最真诚的眼睛和心灵才能观察到的事物的本真面貌。也许在常玉眼中百花皆可入画，万物都值得静观欣赏。

若想深入了解常玉对待万物生灵的态度，似乎可以在《青蛙、鸟、蝴蝶与盆景》和《猫与雀》这两幅植物题材绘画中找到更加明确的线索。《青蛙、鸟、蝴蝶与盆景》的氛围热烈活泼，画中盆栽的木本植物不仅枝繁叶茂，而且结的花朵和果实各色各样，犹如一棵传说中的宝树。盆栽上方蝴蝶翩翩起舞，下方枝干上一只青蛙和一只黄鸟相对而立。一棵植物如同一个微缩的生态系统，颇有一花一世界的哲理意味。

《猫与雀》单看画面则较为冷寂，同样是盆中花木，此时不见繁花，只留枯枝和零星花叶。常玉在这幅画中同样采用了超现实的创作方法，竟在盆栽纤细的枝头安置一个极小巧的鸟窝，一只白鸟立在另一枝上哺喂鸟窝中的两只雏鸟。更妙的是树下还有一只黑白花的猫咪正扒着树枝伸长脖子好奇地仰望着鸟的一家。

《青蛙、鸟、蝴蝶与盆景》和《猫与雀》两件作品，除了都围绕盆景营造了一个小小世界之外，还有一个共同点便是，两件作品的花盆上都题写了同样的诗句"万物静观皆自得，四时佳兴与人同"。这是北宋哲学家、宋代理学主要奠基者程颢的《秋日偶成》诗中名句。虽然全诗主旨是宣扬其理学思想，然而常玉却专门节录颔联两句，表明自己观照万物众生的胸怀志趣，以及对自然之美的欣赏热爱，不愧为好友王季冈口中的"一生爱好是天然，翩翩佳公子也"。

常玉深埋于心底的乡愁也隐含在他的花卉作品当中。常玉青年时便留学法国，多次参加重要的沙龙展，又娶了法国妻子，他似乎很早便已进入法国主流艺术圈。而自出国后，他仅回过两次中国，且停留时间极为短暂，自1938年后便一直在海外生活，再未踏上过祖国的土地。凡此种种，让人以为常玉主动切断了与中国的联系，忘记了自己的根本和来处。然而事实绝非如此，且不说他绘画中的书法用笔、写意风格等典型的中国传统艺术基因，仅是他情有独钟反复描画的菊花，如同中国文化符号一般的存在，其象征意义不言自明。

在常玉的菊花题材绘画中，有一种构图独特且为数不少的盆菊类型，尤其提示了常玉和中国传统文化的紧密联系。在这类盆菊图式中，菊花的植株高挺苗壮，花冠饱满丰硕。花朵的位置看似随意，实则精心排布，大致分为三层，布局错落有致。菊花的高度被适度夸张，显得与花盆有些不成比例，整个画面窄长，类似立轴、条屏等中国传统装裱形制的长宽比例。

在早期的《绿叶盆菊》（1929）、《银菊》（1929）中，该盆菊图式初露端倪。在1950年代以及之后的盆菊作品中，这一图式的特征越来越鲜明且逐渐固定，也因此让研究者们发现了该图式的原始出处。据学者考证，常玉这类菊树图式绘画极有可能借鉴了织绣、漆器等中国传统工艺美术的纹样及审美趣味。台北故宫博物院织绣藏品《传宋绣盆菊帘》，制作于明万历年间，应为一件重阳节令期间使用的装饰品，其构图甚至细节与常玉成熟期的菊树图式惊人一致。最典型的例证莫过于现藏台湾历史博物馆的《盆菊与蝶》，该画中通体黄色调的高大菊树在深红色墙壁的映衬下显得金碧辉煌，围绕菊树飞舞的蜻蜓、蝴蝶与《传宋绣盆菊帘》的纹样简直如出一辙。目前虽无法得知常玉获取《传宋绣盆菊帘》这类视觉资源的确切渠道，但联系到常玉长兄常俊民的丝厂生意，以及常玉家乡蜀绣的悠久历史，他少时能够见到传世的民间织绣纹样，也在情理之中。

常玉处处流露对菊花的特殊感情，在一幅很难界定是绘画还是书法，极具实验性的镜面作品中，常玉题写了一首《秋菊诗》：秋菊诗人赏，文人对酒杯。可怜此间菊，另供作人坟。——十一月一日见菊有感。在法国，11月1日是悼念逝者的传统纪念日，人们常用菊花献祭墓前。在中国，菊花虽也有祭祀的用途，但更多还是文人诗、画语境中高洁品行的比兴。因此，常玉对菊花在法国只能作为坟墓前供品的处境感到万分惋惜。到了晚年，常玉不断重复来于中国传统织绣的盆菊图式，也许盛放的菊花与纷飞的蜂蝶所营造出的万物竞发、生机勃勃的热烈氛围，能够令他会到与祖国亲友同步的"四时佳兴"，抚慰他独在异乡的寂寥，寄托游子对故土魂牵梦萦的乡愁。

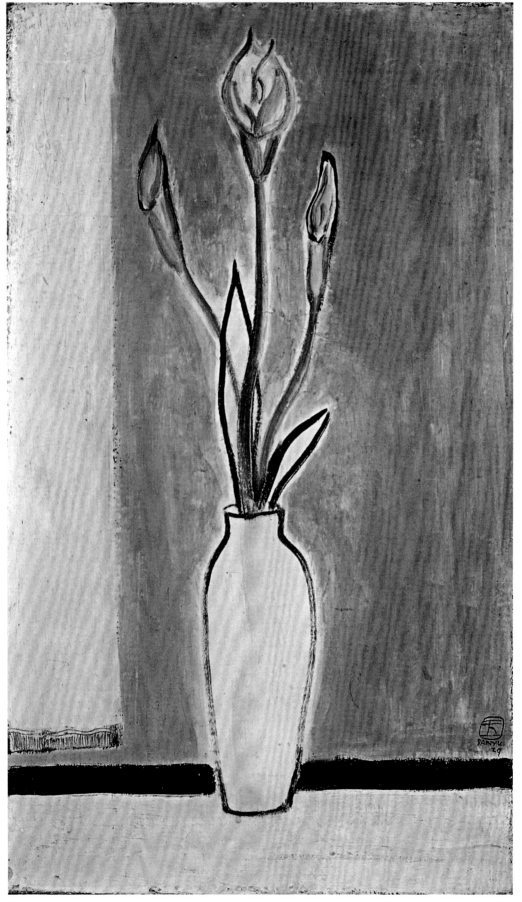

白瓶內之海芋　54cm×32cm　1929年

盆花　27cm×22.5cm　1929年

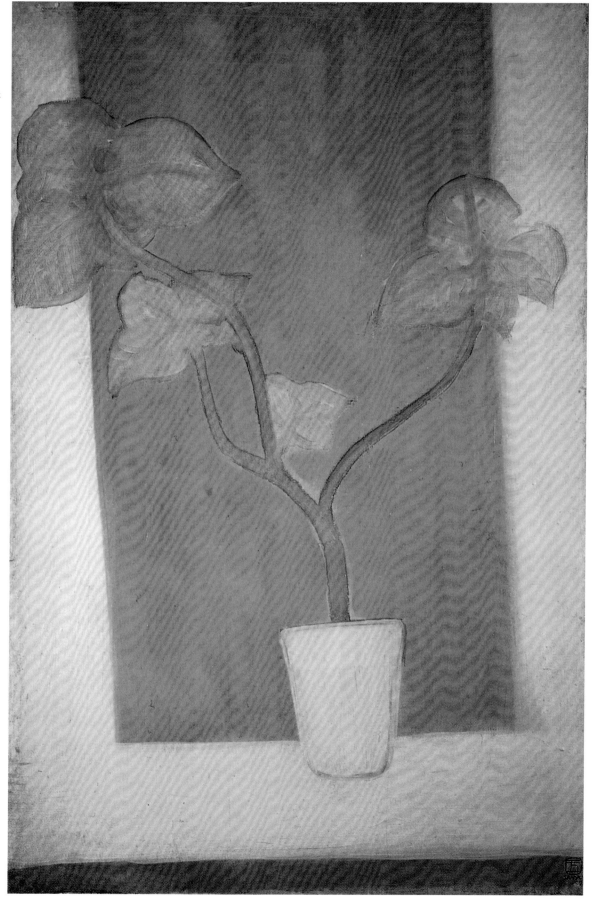

水果盘　　34cm×44cm　　1930年

果篮　81cm×60cm　1930年

果篮　　55cm×46cm　　1930年

水果静物　65cm×81cm　1930年

水果静物　73cm×60cm　1930年

五个梨子　23.5cm×31.8cm　1930年

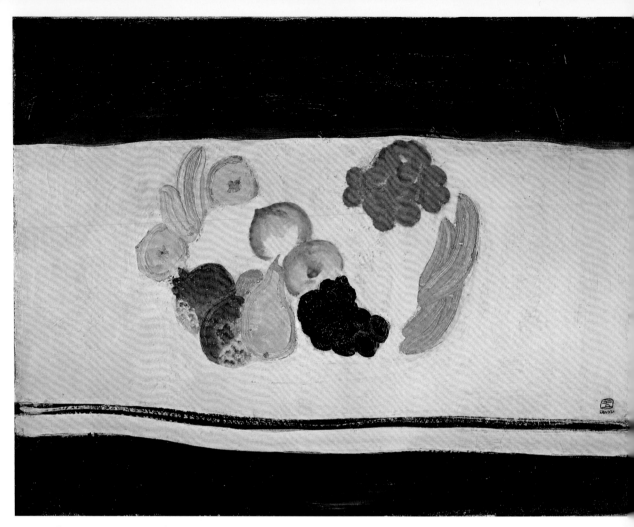

果篮　50cm×65cm　1930年

郁金香　65cm×46cm　1930年

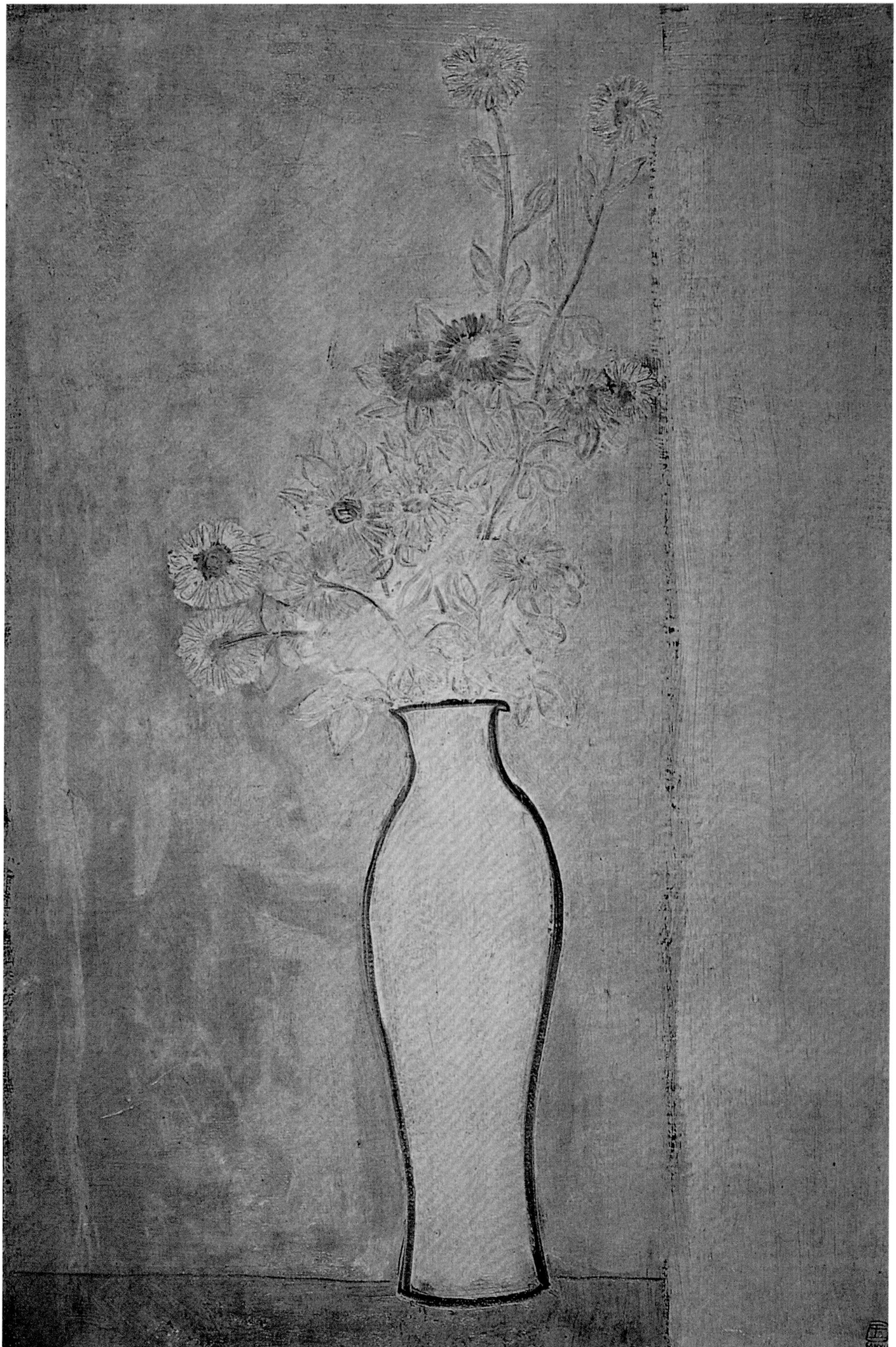

白瓶粉菊　73cm×50cm　1930年

瓶菊　27cm×22cm　1930年

24

常玉
静物

白瓶花卉　115cm×88cm　1930年

瓶花　81cm×45cm　1930年

26

题字瓶与白菊　72cm×53.5cm　1930年

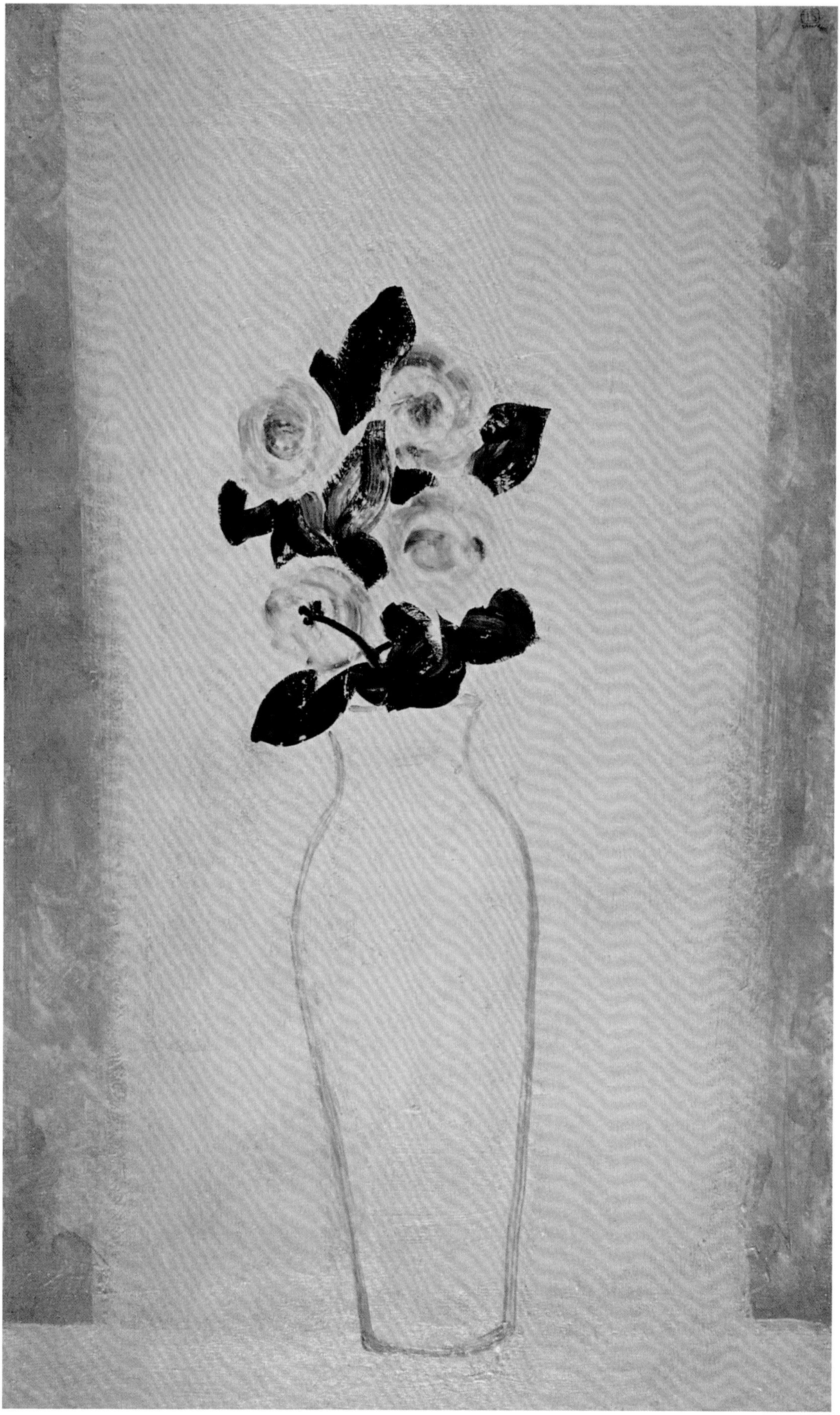

白瓶与玫瑰　81cm×50cm　1930年

婚礼花饰　73cm×54cm　1930年

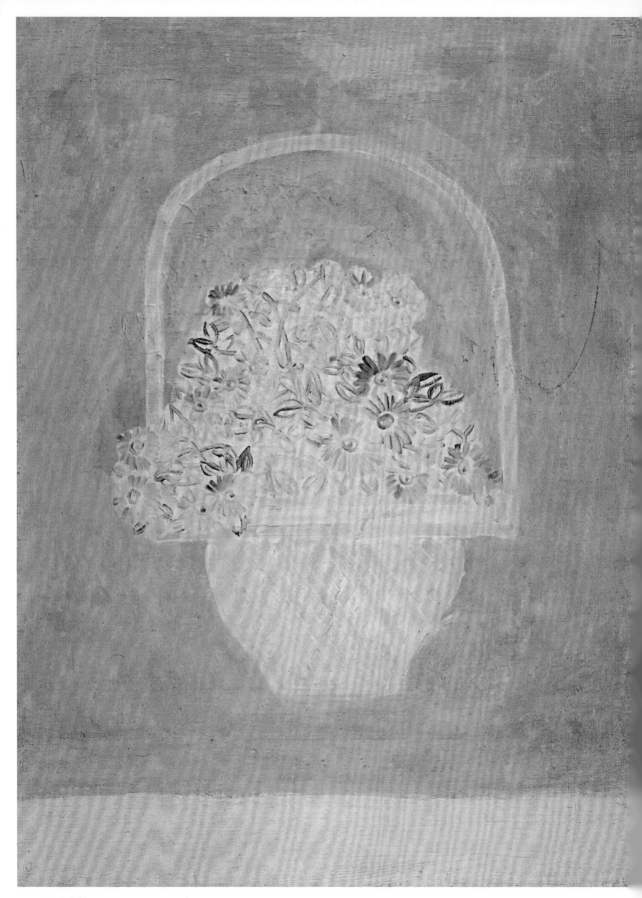

粉底花篮　72cm×54cm　1930年

花篮　72cm×59cm　1930年

黄色花篮　120cm×90cm　1930年

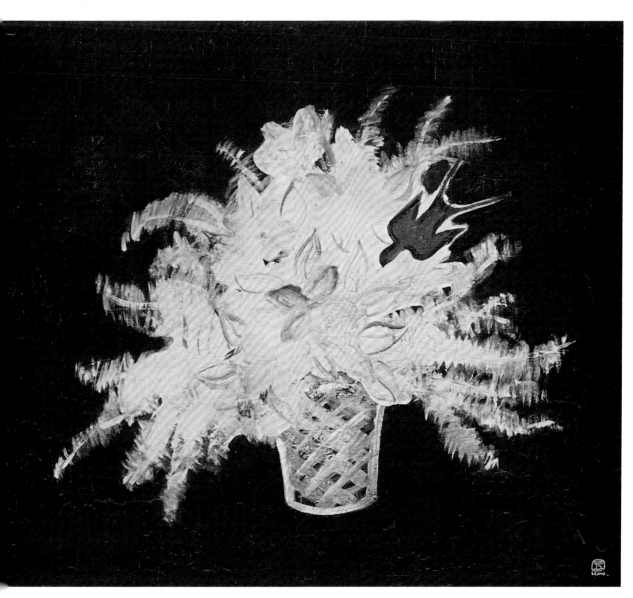

燕子与花篮　50cm×60cm　1930年

白莲　195cm×97cm　1930年

粉菊与玻璃瓶　81cm×60cm　1930年

白玫瑰　41cm×33cm　1930年

八尾金鱼 73.5cm×50cm 1930—1940年

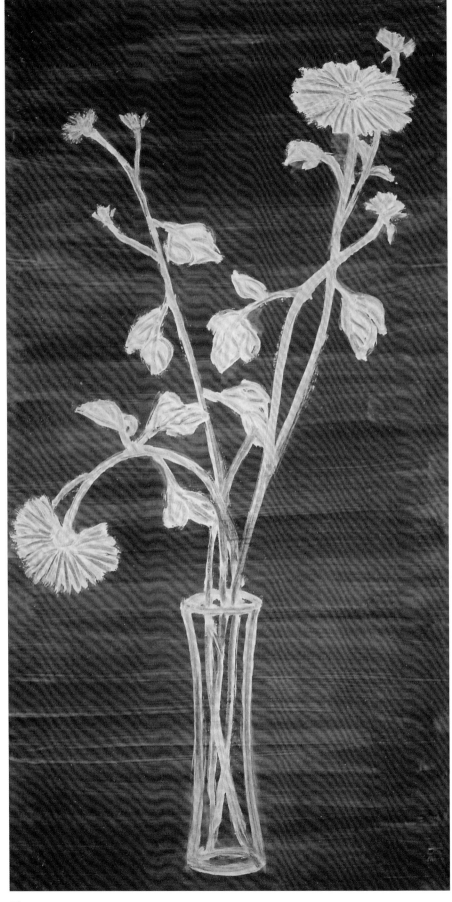

白菊　81cm×65.5cm　1930—1940年

白瓶花卉　73cm×50cm　1931年

编篮内的粉菊　98cm×68cm　1931年

花篮　80cm×80cm　1931年

瓶菊　41cm×32.5cm　1933年

瓶菊　64cm×53cm　1940年

瓶菊　51cm×40cm　1940年

绿意　72.8cm×60cm　1940年

紫罗兰　58cm×79cm　1940年

黄瓶与花　66cm×92cm　1940年

黄瓶与白星海芋　68cm×79cm　1940年

瓶菊　66cm×99cm　1940年

瓶菊　63cm×92.5cm　1940年

瓶菊　57cm×93cm　1940年

瓶菊　66cm×92cm　1940年

蓝菊与玻璃瓶　100cm×50cm　1940年

红底白菊　59.5cm×39.8cm　1940年

55

绿色背景的百合花　91cm×65cm　1940年

连翘　81cm×81cm　1940—1950年

紫剑兰　82cm×101cm　1940—1950年

黄桌上的菊花　73cm×60cm　1940—1950年

菊花　20cm×18cm　1940—1950年

盆菊　91cm×50cm　1940—1950年

白莲　154cm×77cm　1940—1950年

菊花与玻璃瓶　73cm×91cm　1950年

磁州窑瓶内的白莲　155cm×81cm　1950年

磁州窑瓶内的白莲　113cm×66cm　1950年

白牡丹与玻璃瓶　65cm×101cm　1950年

瓶菊　81cm×116cm　1950年

蜡梅　123cm×68cm　1950年

猫与剑兰　123cm×139cm　1950—1960年

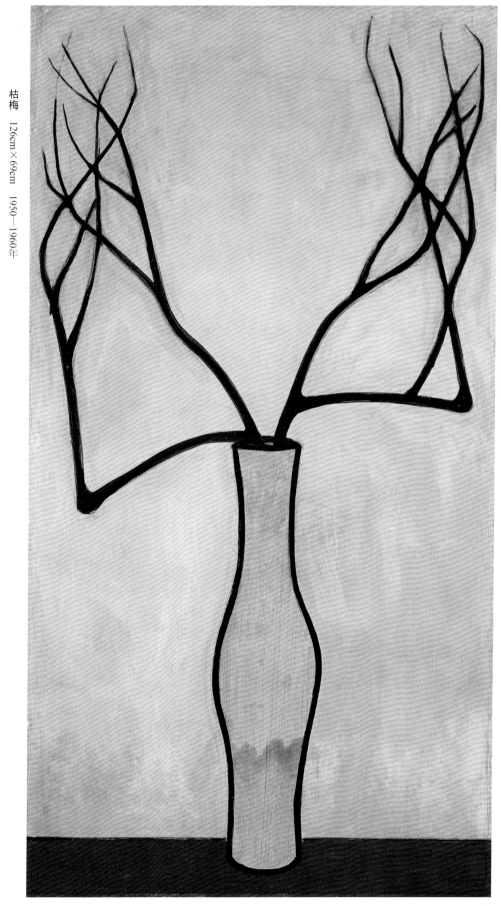

枯梅　126cm×69cm　1950—1960年

蜡梅　126cm×69cm　1950—1960年